Mes prem

l

SYLLABIQUES

LAROUSSE

La tortue

Auteures

Hélène Heffner et Giulia Levallois

Professeures des écoles

Illustratrice

Cécilia Stenmark

Découvrez aussi nos ouvrages pour apprendre à lire !

Direction de la publication : Carine Girac-Marinier

Édition : Nadine Martrès

Direction artistique : Uli Meindl

Mise en pages : Éric Boudy

Fabrication : Marlène Delbeken

ISBN : 978-2-03-600254-8

Images de la page 5 : © Adobestock.com

PAPIER À BASE DE FIBRES CERTIFIÉES

LAROUSSE s'engage pour l'environnement en réduisant l'empreinte carbone de ses livres. Celle de cet exemplaire est de : 300 g éq. CO_2 Rendez-vous sur www.larousse-durable.fr

Imprimé par Rotolito Romania (Roumanie)
Dépôt légal : décembre 2020 - 327228/03
N° de projet : 11053257 – mai 2023

Les personnages de l'histoire

Les **Loulous** sont des petits animaux attachants qui accompagnent le jeune lecteur en lui faisant découvrir le plaisir de la lecture autonome !

Pic

Molly

Filou

Nina

Lola

Tomi

Conseils aux parents

• Avant la lecture

– Invitez votre enfant à regarder l'illustration de la couverture : il peut la décrire et nommer les personnages qu'il reconnaît.

– Montrez-lui la page ci-contre afin de lui faire découvrir les mots les plus difficiles de l'histoire.

• Pendant la lecture

– Encouragez votre enfant à lire seul le texte à voix haute au début. La lecture orale l'aidera à mieux comprendre ce qu'il lit.

– Conseillez-lui de suivre le texte avec son doigt lors de la lecture.

– N'hésitez pas à le laisser prendre du temps pour regarder les illustrations. Ces dernières soutiennent la compréhension du texte et permettent d'acquérir un sentiment de réussite.

• Après la lecture

– Entamez ensemble une discussion autour du livre sur le lieu, l'histoire, les personnages…

– Et n'oubliez pas, la lecture doit avant tout rester un plaisir !

Les mots de l'histoire

• Le vocabulaire

le but/marquer un but

murmurer

se délasser

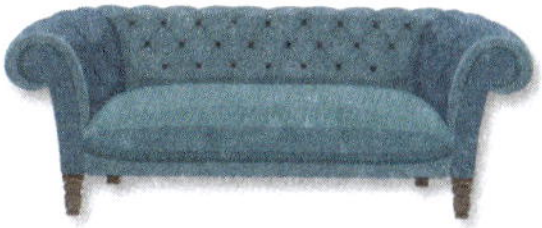

un sofa

avoir hâte

dépité

• Les mots outils

avec	c'est	chez	dans	elle	en
es/est	les	lui	se	sur	un/une

C'est samedi,

Lola la tortue arrive

chez Tomi !

Elle a apporté

une balle.

TOMI
Jolie, ta balle !

Lola file dans les buts.

« Vas-y ! Tire, Tomi ! »

dit Lola.

Tomi tire fort !

Lola rate la balle.

« But ! » dit Tomi.

TOMi

« C'est dur !

dit Lola.

– C'est normal,

la rassure Tomi,

tu débutes. »

Il lui murmure

un petit mot.

Tomi tire,

Lola lève les pattes.

Elle arrête la balle.

« Tu es forte »,

dit Tomi.

La partie de balle finie,

les amis se délassent

sur le sofa.

Lola sort une revue.

Elle a hâte de lire

avec Tomi.

Sucre
Le monde des TORTUES

« C'est une revue
sur les tortues »,
dit Lola.
Tomi adore :
il rêve de la lire.

TORTUE
Le monde des TORTUES
Lait

Tomi a du mal

à lire les mots.

Il s’arrête.

« Je ne lis pas vite. »

Tomi est dépité.

Le monde des TORTUES
Lait

monde

« C'est dur !

dit Tomi.

– C'est normal,

le rassure Lola,

tu débutes le CP. »

Elle lui murmure

un petit mot.

AVALE
TORTUE
Le monde des TORTUES

Tomi épelle les mots :

TORTUE – AVALE – SALADE.

« La tortue avale

la salade ! »

dit Tomi.

SALADE
Le monde des TORTUES
Le Soleil A-Z
MARS
TORTUE

Tomi finit de lire

la revue.

« Tu as réussi ! »

dit Lola.

Lola est fière

de Tomi.

« Si tu me donnes

ta revue sur les tortues,

je te donne ma balle »,

dit Lola.

Tomi est ravi !

« J'adore lire ! dit Tomi.

Vive le CP ! »

Lola rit.